表に返す

裏返った状態になっている布を、表面が外側になるようにひっくり返すこと。

ぬいしろを開く

ぬい合わせた布の2枚のぬいしろをアイロンなどで両側に広げること。

三つ折りにする
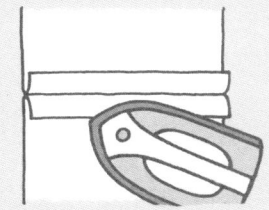
布の切りはしがほつれないようにする方法の1つ。布のはしを2回折り、3枚重ねにする。

ジグザグミシン
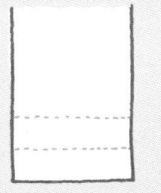
布の切りはしがほつれないようにする方法の1つ。ミシンで布のはしをジグザグにぬう。

アイロン両面接着シート

2枚の布をはり合わせるときに使うシート。片面にはくり紙がついている。アイロンを使って、はり合わせる。

接着しん
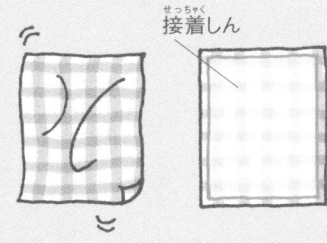
強度を上げ、形がくずれないようにするためのもの。表布に合う厚みや素材を選び、アイロンではる。シールタイプもある。

接着しんのつけ方
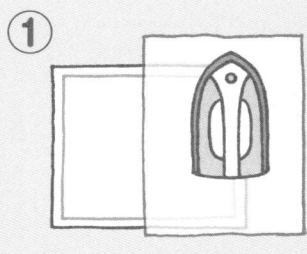
①布の裏面と、接着しんののりがついている面を合わせて、接着しんが上になるように置く。薄紙をのせて、のりがアイロンにつくのを防ぐ。
②アイロンはすべらせず、接着しんがずれないよう、おしつけるようにしてはっていく。

型紙の写し方（チャコペンを使う）

① 型紙をコピーする。必要があれば拡大して実際の大きさにする。
② コピーしたものをはさみで切って型紙をつくり、布の上に置く。
③  型紙をまち針で留め、まわりをチャコペンでなぞり、型紙を外す。
④ 線に沿って布を切る。

図案の写し方（チャコペーパーを使う）

①  図案をコピーする。必要があれば拡大して実際の大きさにする。
② 下から布、チャコペーパー、図案の順に置き、まち針で留める。
③ 専用のペンやヘラ（えんぴつでも可）を使って、図案をなぞる。
④ 図案とチャコペーパーを外す。

かんたん！かわいい！
手づくり デコ＆手芸

バッグ&おしゃれ小物

かんたん！かわいい！手づくりデコ＆手芸
もくじ

手芸の基本1	道具と材料を知ろう …… 4
手芸の基本2	使い方を覚えよう …… 5
手芸の基本3	針と糸でぬってみよう …… 6
手芸の基本4	ミシンぬいを覚えよう …… 8

バッグ＆おしゃれ小物

P.10 フェルトとファーのデコデコおしゃれかご
難易度 ☆☆

P.13 ルンルン気分になるさわやかエコバッグ
難易度 ☆☆☆

P.16 ペットボトルデコのバニティケース
難易度 ☆☆

P.18 キュートな白ねこのレッスンバッグ
難易度 ☆☆

P.20 かざりにもなるミニ三角ポーチ
難易度 ☆☆

P.22 持ち手のついたサニタリーケース
難易度 ☆☆

P.38-39
作業のポイント 図案(ずあん)

このマークのある作品では、ミシンを使ったつくり方をしょうかいします。ミシンがないときは、手ぬいでつくることもできます。

このマークのある作品では、指定されているページの型紙(かたがみ)や図案(ずあん)を使います。必要なサイズにコピーして使ってください。

難易度(なんいど)を星の数で示(しめ)しています。星の数が多いほど、難(むずか)しい作品です。

P.24
スタイリッシュなブックカバー
難易度(なんいど) ☆☆

P.26
大きなリボンのペンケース
難易度(なんいど) ★★★

P.29
毛糸玉のペンと毛糸ししゅうのノート
難易度(なんいど) ★★☆

P.32
キラキラビーズのおめかしストラップ
難易度(なんいど) ★

P.34
にっこりくまのマスコット
難易度(なんいど) ★

P.36
雨の日が楽しくなるかさのグリップカバー
難易度(なんいど) ★

各作品の材料(ざいりょう)としてしょうかいしている色やがらは一例(いちれい)です。好きな色やがらにして、自分なりの作品をつくってみるのも楽しいですよ。

手芸の基本 1　道具と材料を知ろう

作品づくりに必要な道具と材料をしょうかいします。基本の知識として、名前と使いみちを覚えておきましょう。

印をつける

チャコペン（チャコえんぴつ）

印をつけたり、型紙を写したりするときに使う。水で消せるタイプや、時間がたつと消えるタイプなどがある。

測る

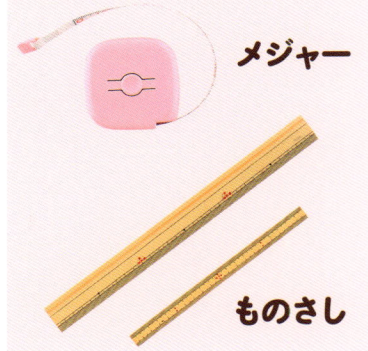

メジャー

ものさし

切る

たちばさみ
布を切るためのはさみ。布以外のものは切らないようにしよう！

糸切りばさみ

ひもやゴムを通す

ひも通し

ぬう

ぬい針 
長さや太さの異なる針があるので、作業によって使い分けよう。

まち針 
布を留めるときに使う。

指ぬき 
厚い布をぬうときや、長くぬうときに使う。針が楽に進む。

針さし

ししゅう針
太さはいろいろあるので、糸の太さによって針を選ぼう。 

毛糸針 
毛糸を通す太い針。

ビーズ用針 
ビーズに糸などを通す針。

ししゅう糸
さまざまな太さの糸がある。写真は「25番」という太さのもので、比かく的使いやすい。6本の糸がより合わさっていて、そのうちの何本かを引きぬいて使うこともある。

手ぬい糸

はる

接着ざい

グルーガン
グルーガンは熱くなるので、やけどに注意。 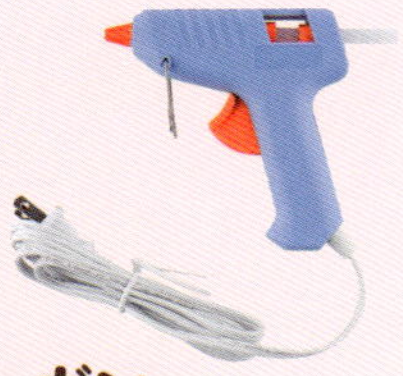

そのほか

ラジオペンチ 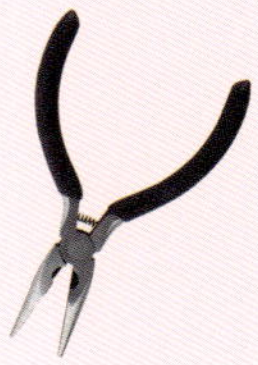
ワイヤーなどを曲げるときに使う。ネックレスやブレスレットをつくるときに便利。

かなづち 
スナップボタンをつけるときなどにたたいて使う。

目打ち 
布に穴をあけたり、ししゅう糸を整えたりする。

手芸の基本 2 使い方を覚えよう

アイロンやまち針などは、使い方をまちがえるとけがをすることもあります。安全に使う方法を覚え、気をつけて作業をしましょう。

アイロンの安全な使い方

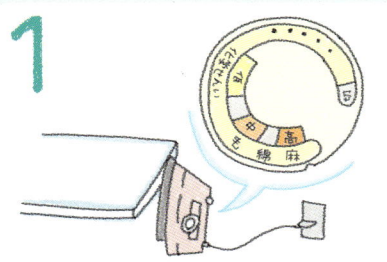

1. アイロンを平らな場所に置き、コンセントをさしてスイッチを入れる。布の種類に合わせて、温度の調節をする。

2. アイロンの底が熱くなったら、ぬい目や折り目からかけていく。布目に気をつけて全体を整える。

> 布はななめの方向にのびやすいため、アイロンはななめにかけない。

注意
- 広く、安定したところで作業をする。
- スイッチを入れたまま、作業場所をはなれない。
- 使わないときは立てておく。
- 使い終えたら、完全に冷めてからしまう。

まち針の打ち方

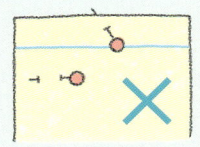 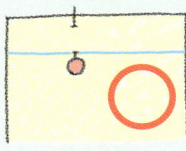

ぬう線に沿って、垂直に針をさす。布をたくさんすくうとずれてしまうので、細かく布をすくうとよい。

順番
```
2 5 3 4 1
   右利き
1 4 3 5 2
   左利き
```

布の両はし、中心、その間の順にさす。右利きと左利きで、さす順番がかわる。

布の基本と選び方

布目の方向

布の特性を知ると作品もきれいにできる！

布地の縦糸の向きのことを「布目の方向」という。バッグや服をつくるときは、布目の方向に合わせて布を使うと、形がくずれにくい。

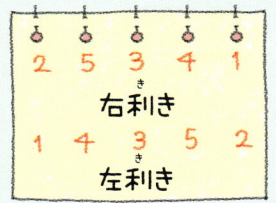

縦に引っ張ると / 横やななめに引っ張ると

※布の矢印は、布目の方向

 のびない　のびる

織った布（織物）

縦糸と横糸で織った布。編んだ布ほどはのびない。

編んだ布（編み物）

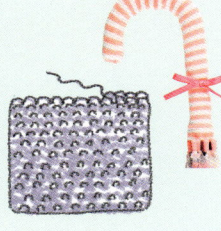

1本の糸で編んだ布。体操着などに使われる。縦にも横にもよくのびる。

フェルト（せんいをからませてかためた布）

縦と横、表と裏の区別がなく、のびが少ない。ほつれもない。

手芸の基本 3 — 針と糸でぬってみよう

針と糸を使った、いろいろなぬい方をしょうかいします。それぞれのぬい方をマスターして、手芸作品を楽しみましょう。

注意
- 作業をはじめる前と終わった後に、針の数を数えて確認しよう。
- 針先を人に向けないようにしよう。
- はさみを人にわたすときは、刃のほうを持ってわたそう。

針に糸を通す

1. 糸をななめに切る。

ななめに切ると、針の穴に通しやすいよ！

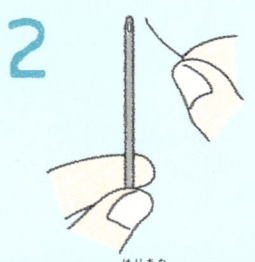

2. 糸の先を持って、針穴に通す。

ポイント 糸は長すぎるとぬいづらいよ。手首からひじまでの長さがだいたいの目安だよ。

1本どり

糸の片側だけを玉結びし、糸1本でぬう。糸の基本的な使い方。

2本どり

じょうぶにしたいときは、糸の両はしをいっしょに玉結びし、糸を2重にしてぬう。

玉結びをする

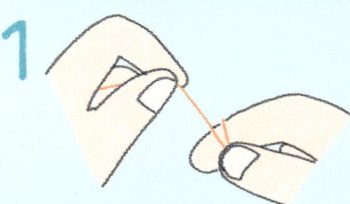

1. 糸のはしを人さし指に1回巻いて、親指でおさえる。

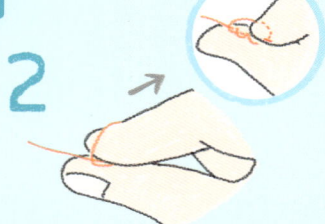

2. 人さし指をずらして、糸から指をぬいて、糸をより合わせる。

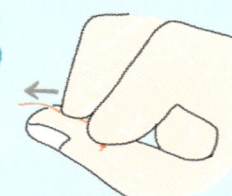

3. より合わせたところを親指と中指でおさえ、糸を引いて玉をつくる。

玉結び

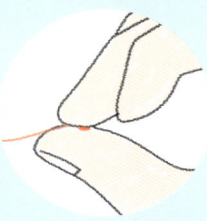

玉留めをする

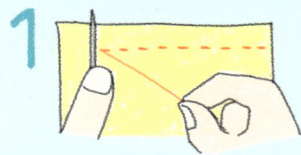

1. ぬい終わりのところに針を置き、親指でおさえる。

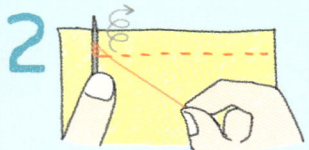

2. 布から出ている糸を針に2～3回巻く。

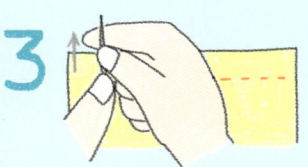

3. 糸を巻いた部分を親指でおさえて、針を引きぬく。

4. 糸のはしを少し残して切る。

布をぬう

なみぬい

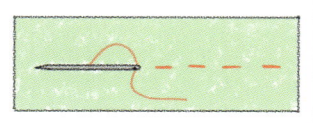

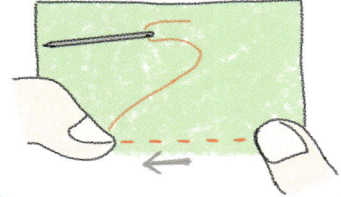

表と裏のぬい目が同じ間隔になるようにぬっていく。

ポイント 少しぬい進んだら、布が引きつれたままにならないように、ぬい目を指で整えよう！

本返しぬい

返しぬいは、なみぬいよりじょうぶ！

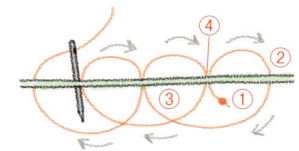

図のようにぬっていく。①と④は同じところになる。

半返しぬい

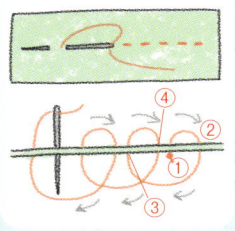

図のようにぬっていく。①と④は少しはなす。

かがりぬい

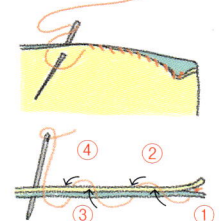

2枚の布のはしを合わせるときのぬい方。針を裏から入れて、表に出す。これを図のようにくり返す。

まつりぬい

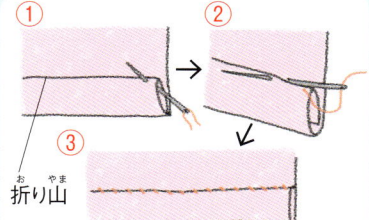

折り山

折り山の裏から針を入れて表に出す（①）。0.5cm〜1cm先を②のようにすくい、そのまま針をぬく。これをくり返す。

しつけ

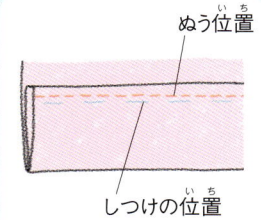

ぬう位置
しつけの位置

布がずれないように、手ぬいであらくぬうこと。実際にぬう位置と重ならないように、0.3cmほどはなしてぬう。ぬい終わったら、しつけ糸はぬく。

コの字とじ

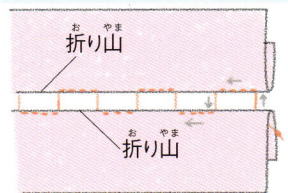

折り山
折り山

折り山の裏から針を入れて表に出す。反対側の折り山にさして、0.3cmくらいすくい、「コ」の字をかくように糸をわたしながらぬう。これをくり返す。

ボタンをつける

1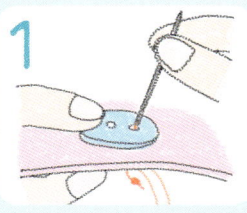

針に糸を通し、玉結びをする。布にボタンを置き、針を布の裏からさして、ボタンの穴に通す。

2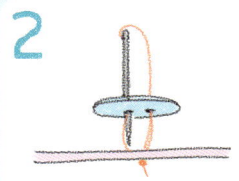

布とボタンの間に少しすき間をあけながら、穴に3〜4回、針を通す。

3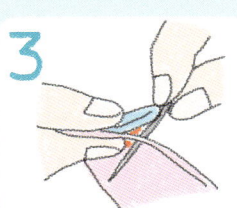

布とボタンの間に針を出す。布とボタンの間の糸に3〜4回糸を巻きつけ、針を布の裏に出して、玉留めをする。

手芸の基本 4 ミシンぬいを覚えよう

ミシンが使えると、大きなものもつくれるし、作業が早く進みます。ミシンの基本の使い方を覚えておきましょう！

注意
- ミシンで作業している間、よそ見をしない。
- ミシンで作業している人や、作動中のミシンにふれない。
- 針の下に指を入れない。
- 家で使うときは、大人といっしょに。

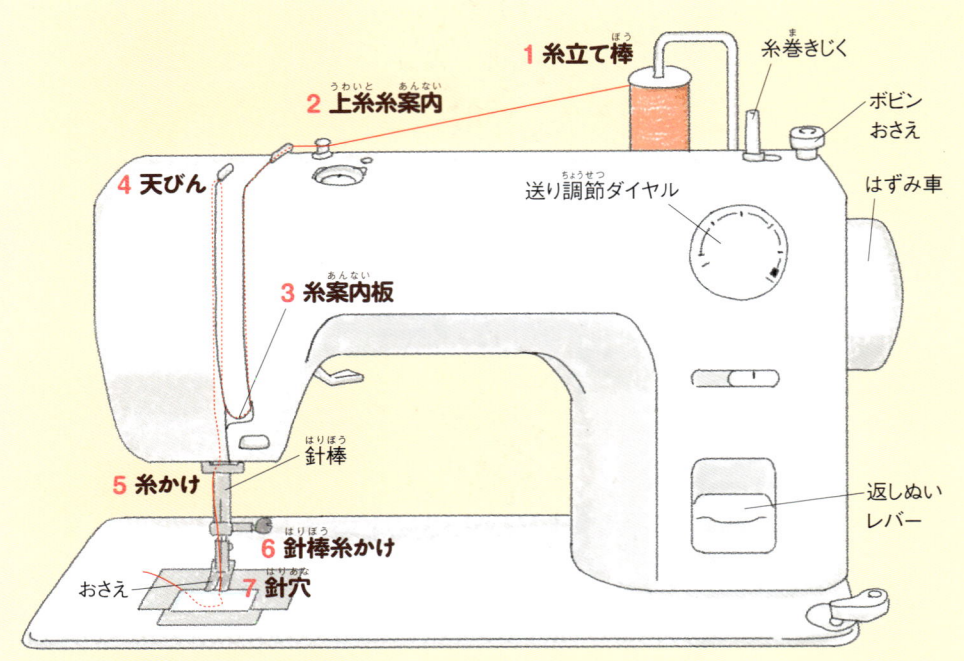

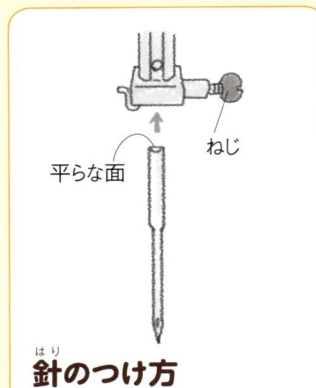

針のつけ方
① はずみ車を手前に回して、針棒を上げる。
② ねじをゆるめて、針の平らな面を針棒のみぞに合わせてさしこみ、しっかりねじをしめる。

1 準備をして からぬいをする

ミシンがきちんと動くかどうか、最初に確認をする。糸は通さずに行う。これを「からぬい」という。

2 下糸を入れる

❶ ミシンの上にある下糸巻き機能を使って、ボビンにミシン糸を巻く。

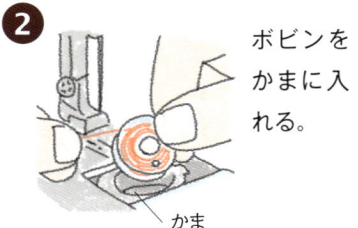

❷ ボビンをかまに入れる。

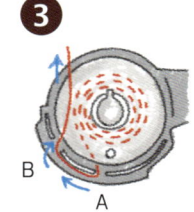

❸ 糸をAのみぞにかけた後、Bにもかける。糸のはしを15cmくらい出しておく。

3 上糸をかける

はずみ車を手前に回して天びんを上げる。1から7の順に上糸をかける。糸は15cmくらい出しておく。

4 下糸を出す

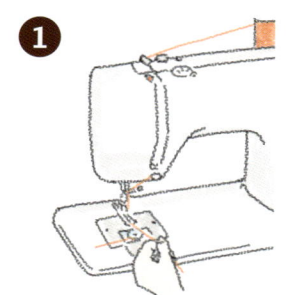 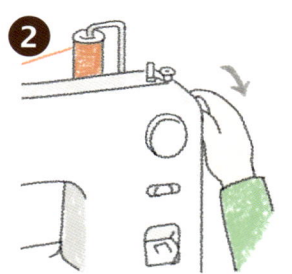 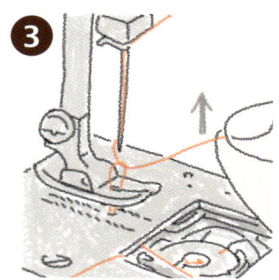 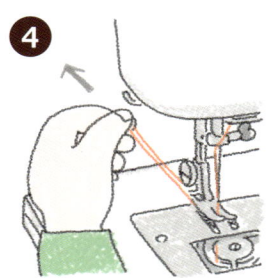

① おさえを上げたまま、左手で上糸を軽く持つ。

② 右手ではずみ車を手前にゆっくり回し、針を下ろす。

③ 針が上がってきたら、上糸を引っ張って下糸を引き出す。

④ 上糸と下糸をそろえ、おさえの下を通して向こう側に置く。

5 ぬう

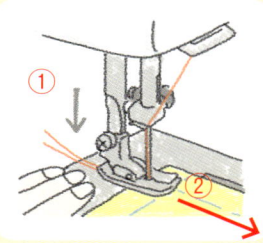

ぬいはじめ
① 布をおさえの下に置く。糸と布を軽くおさえて、はずみ車を手前に回して、針をぬいはじめの位置にさす。
② おさえを下ろし、ずれないように布に手をそえてぬいはじめる。

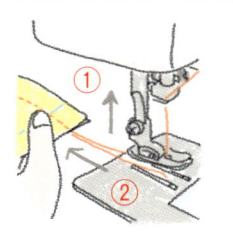

ぬい終わり
① ミシンを止める。はずみ車を回して針を上げ、次におさえも上げる。
② 布を向こう側へ引き、糸を10cmくらい残して切る。

方向をかえる

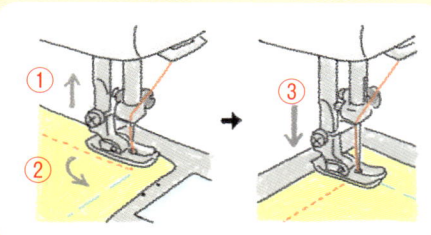

① 針をさしたまま、おさえを上げる。
② 布を動かして、方向をかえる。
③ おさえを下ろす。

これも覚えておこう

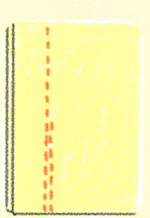

返しぬい
ぬいはじめやぬい終わり、じょうぶにしたいところには、返しぬいをする。返しぬいレバーを使うか、針をさしたまま、布を反対向きにして、1.5cm〜2cmぬう。

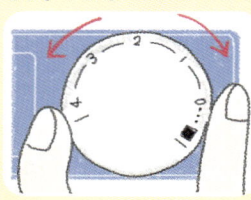

大きくなる　小さくなる

ぬい目の大きさをかえる
送り調節ダイヤルは、数字を大きくすると、ぬい目が大きくなる。

難易度 ★★

フェルトとファーの デコデコ おしゃれかご

フェルトやファーでデコって、おしゃれなお出かけ用のかごをつくりましょう！好きな色のフェルトで花をつくったり、リボンの色をかえたりして、オリジナルのかごを手に入れて。

材料

1. マルシェかご（口まわり約77cm 高さ約20cm）
2. フェイクファーのテープ（はば2.5cm／グレー） 77cm
3. 羊毛（ピンク系むらさき） 花大用 5g
4. 羊毛（こいむらさき、青系むらさき） 花中用 各3g
5. 羊毛（青系むらさき） 花小用 1g
6. 羊毛（パール系白） 花しん用 少量
7. リボン（はば1cm／黒地にラメ） 3m10cm

手ぬい糸　適量

道具

フェルティングマット　サインペン
ものさし　フェルティングニードル
アイロン　はさみ　チャコペン　ぬい針

羊毛で花をつくる

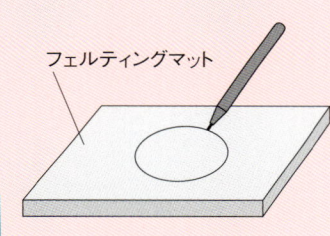

1 フェルティングマット（以下、マット）の上に、サインペンで直径7cmの円をかく。

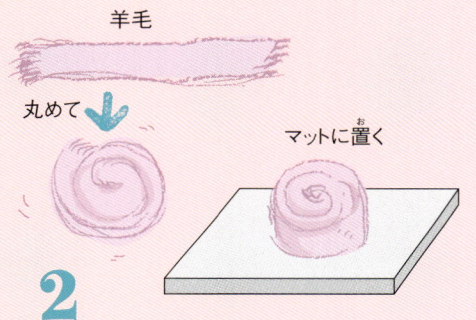

2 円の上に、ピンク系むらさきの羊毛5gをふんわりと丸めて置く（**1**の円から少しはみ出すくらい）。

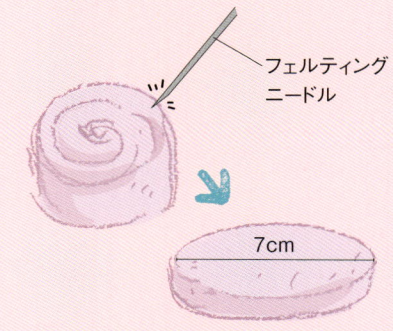

3 マットに置いたまま、フェルティングニードル（以下、ニードル）で全体を均一にさし、円形にまとめていく。ときどき、裏返して裏からもさす。円形のシート状になるまで続ける。

4 マットから羊毛をはがして、中温のスチームアイロンを当て、ふくらみをおさえる。

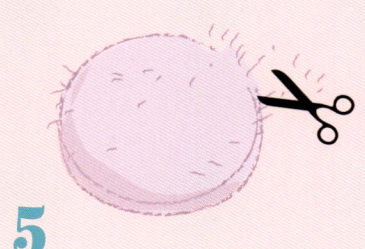

5 はみ出したり毛羽立ったりしている部分を、はさみで切る。

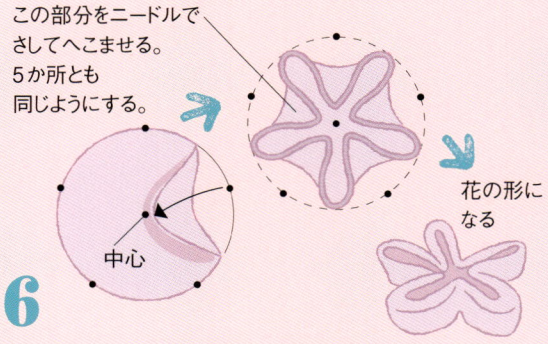

6 マットの上に**5**をのせる。円のまわりを5等分にしてチャコペンで印をつける。それぞれの印を中心に向かって折り、ニードルでさして留め、形を整える。

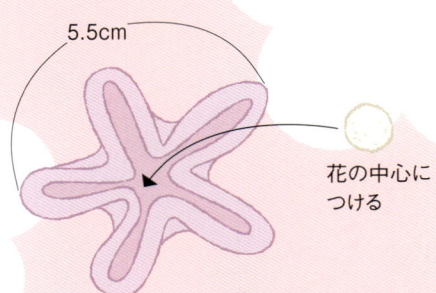

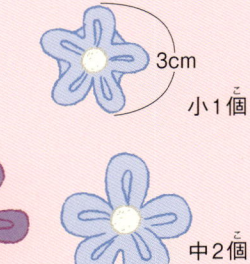

7 中心に花しん用の羊毛を小さく丸めてのせ、ニードルでさしてつける。

8 円の大きさと羊毛の量をかえ、1〜7の手順で中2個（こいむらさき、青系むらさき各1個）、小1個（青系むらさき）の花をつくる。マットにかく円の直径は、中が6cm、小が4cm。

かざりをつける

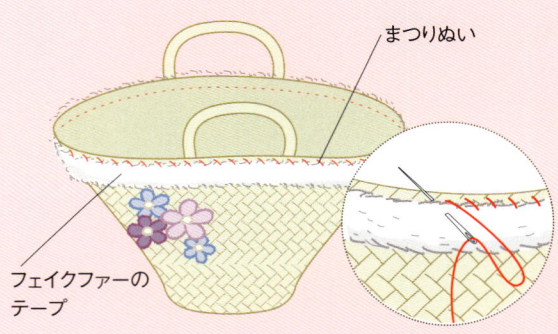

9 花4つを、かごに図のようにぬいつける。

10 フェイクファーのテープの上の辺を、かごの口のまわりにまつりぬいでぬいつける。

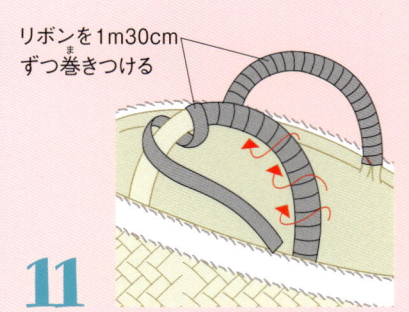

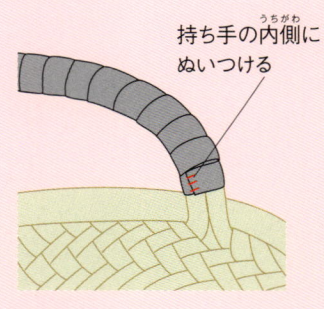

11 リボンを持ち手に巻きつける（片方の持ち手に約1m30cm使用）。リボンの巻きはじめを持ち手の内側にぬいつけておく。

12 リボンの巻き終わりを、持ち手の内側にぬいつける。反対の持ち手も同じようにする。

13 リボン50cmを、持ち手のつけ根でちょうちょ結びをする。

難易度 ★★★

ルンルン気分になる さわやかエコバッグ

お買い物のおともに持って歩きたい、ドット模様のエコバッグ。ポイントは、ユニークなデザインが光る持ち手部分！みんなの持っているエコバッグに差をつけましょう！

材料

1. 外ぶくろ用の布（水色に白のドット） 64cm×46cm
2. 内ぶくろ用の布（水色と白のストライプ） 64cm×46cm
3. 厚手のテープ（はば3cm／白） 88cm
4. かざり用の布（白と水色のチェック） 8cm×5cm
5. パッチ用の布（白と水色のストライプ、白に水玉、白と水色のチェック） 4.5cm×5cm 各1枚

ミシン糸　適量

道具

ものさし　ミシン　チャコペン　まち針　アイロン

外ぶくろをつくる

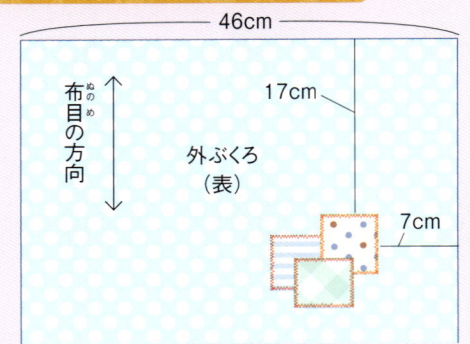

1 外ぶくろ用の布の表にパッチ用の布3枚を図のように、順番にジグザグミシンでぬいつける。

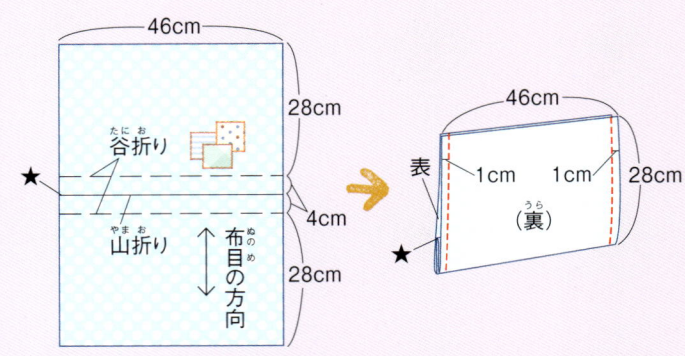

2 外ぶくろ用の布を、図のように表を内側にして折り、まち針で留める。両わきに1cmのぬいしろをとってチャコペンで線を引き、ミシンでぬう。

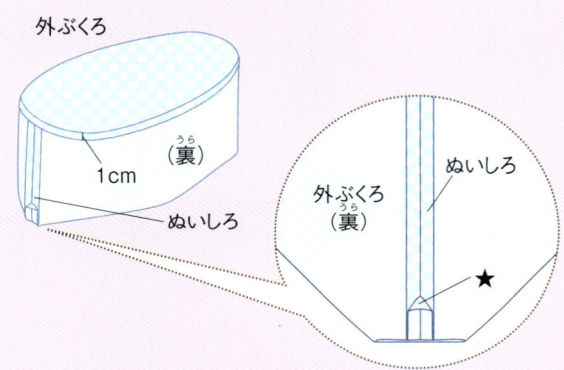

3 ぬいしろは左右に開いておく。口の部分を1cm折り返し、アイロンをかける。

内ぶくろをつくる

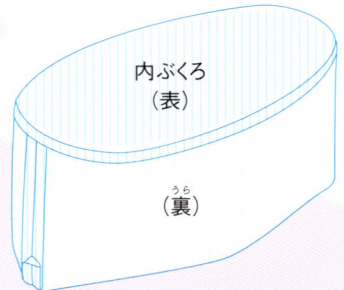

4 内ぶくろも、**2**～**3**と同じようにしてつくる。

外ぶくろと内ぶくろを重ねる

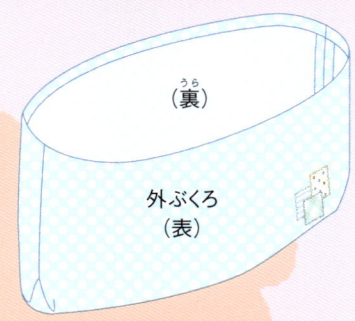

5 外ぶくろを表に返す。

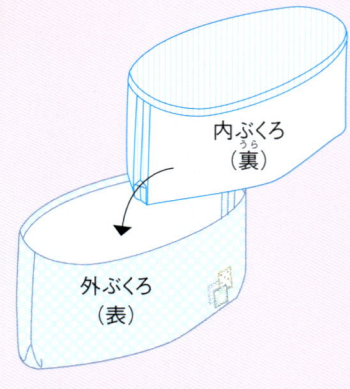

6 外ぶくろの中に内ぶくろを図のように入れ、まち針で留める。

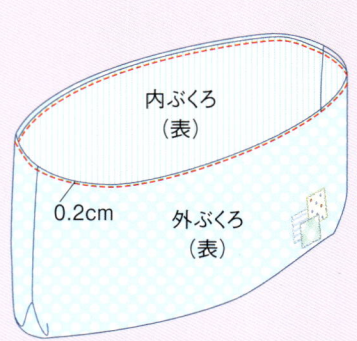

7 0.2cmのぬいしろで、口の部分を1周ぐるりとミシンでぬい合わせる。

持ち手をつくる

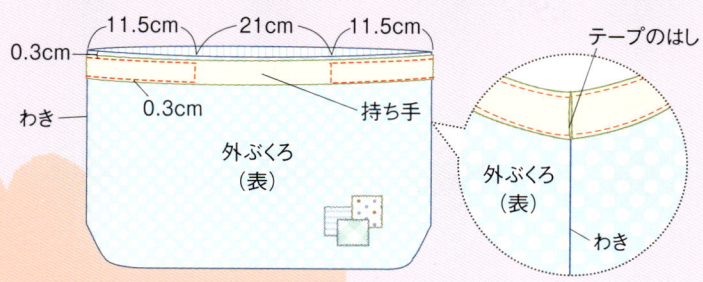

8 持ち手用の厚手のテープをまち針で留める。持ち手になる部分を残して、図のようにミシンでぬいつける。

かざりをつける

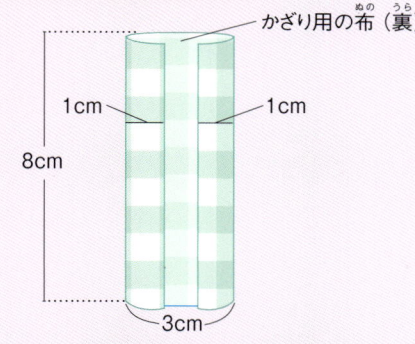

9 かざり用の布を用意する。両わきを1cmずつ折ってアイロンをかけておく。

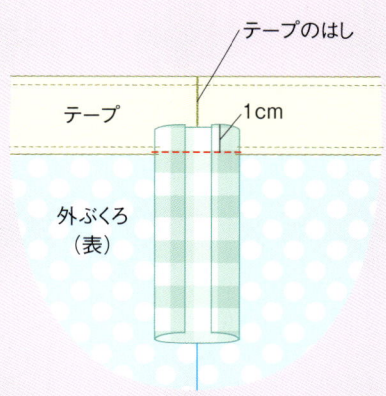

10 テープのはしがつき合わさったところに、9を図のように1cm重ね、ミシンでぬいつける。

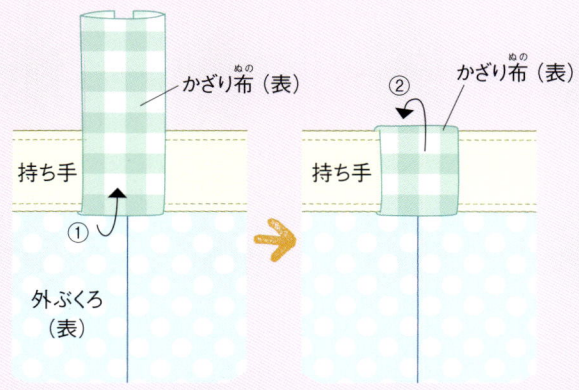

11 10の長い部分を折り上げて（①）、内側に折りこむ（②）。

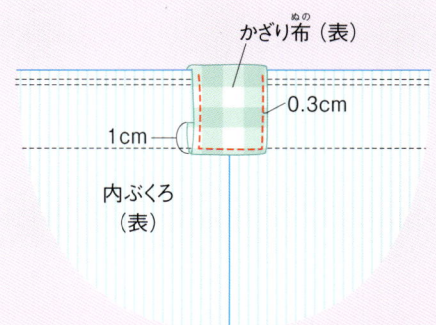

12 内側に折りこんだ部分を、図のようにさらに1cm折り、ミシンでぬいつける。

難易度 ★★

ペットボトルデコの バニティケース

2本のペットボトルを切って組み合わせ、フリルやチロリアンテープでデコるだけで、キュートなバニティケースに大変身！ 筆記用具や身のまわりの小物の整理など、いろいろな使い方で楽しめます。

材料

1 ペットボトル（1～2ℓサイズで底が丸い形のもの） 2本
※写真では、底が直径約9cmのペットボトルを使っています。
2 ファスナー（はば2.5cm／ピンク） 40cm
3 フリルテープ（はば3cm／ポンポンつきの赤いチェック） 32cm
4 リボン（はば1cm／花がら） 7cm
5 チロリアンテープ（はば2cm／花がら） 20cm
手ぬい糸 適量

道具

ものさし
油性ペン
カッター
はさみ
ぬい針
両面テープ（強力タイプ／はば5mm）

> **POINT**
> 切る部分はなるべく、でこぼこがないところを選び、本体とふたが重なる部分が同じサイズになるように切りましょう。

1 1本のペットボトルは、底から9cmのところに油性ペンで線を引き、カッターで切る（本体用）。もう1本のペットボトルは底から3cmのところで切る（ふた用）。

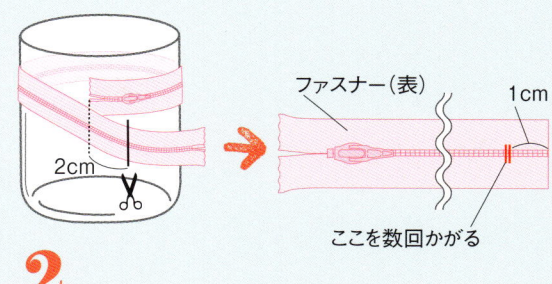

2 ファスナーを**1**の本体の周囲に合わせ、2cm重なるようにして切る。切ったはしから1cmくらいのところを同じ位置で数回かがる。

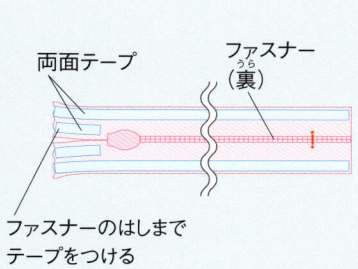

3 ファスナーの裏側に、図のように両面テープをはる。

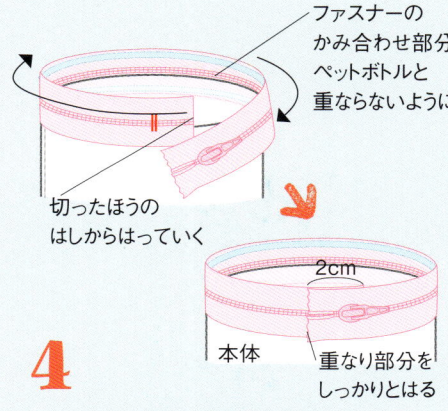

4 本体の切り口の周囲に、**3**のファスナーの片側をはる。

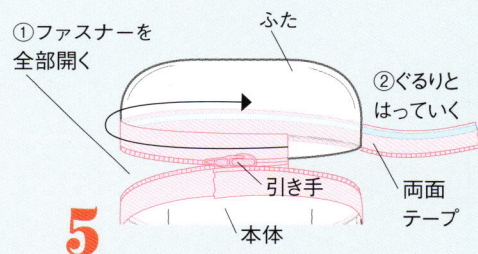

5 ファスナーを全部開いて、もう片側をふたの切り口の周囲にはる。

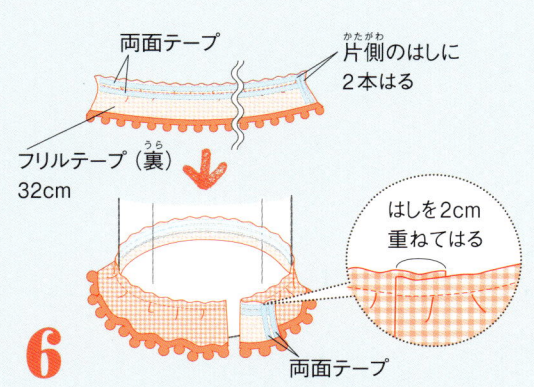

6 フリルテープの裏側のはしに、はば1cmほど両面テープをはり、本体の下の部分にはる。

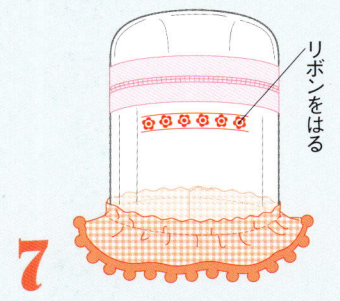

7 ファスナーの引き手が背面になるようにして、本体の正面にリボンを両面テープではる。

8 持ち手のチロリアンテープの両はしに両面テープをはり、リボンが正面になるようにして、ふたの両わきにはる。

難易度 ★★

キュートな白ねこのレッスンバッグ

図案 P.39

大きな白いねこがポイントの
レッスンバッグ。フェルトのねこに
ししゅうをしたり、ボタンをつけたりするだけで、
いつものバッグが変身します！ デコ手芸の
楽しさがつまった作品です。

材料

1. バッグ（布製／21cm×31cm）
2. フェルト（白） 20cm×30cm
3. フェルト（ピンク、クリーム色） 18cm×18cm 各1枚
4. ししゅう糸（しゅ色、うすいピンク、緑、水色、ピンク） 各適量
5. ボタン（直径0.7cm／黒） 2個

道具

チャコペーパー　はさみ　ししゅう針
接着ざい

1 白いフェルトにチャコペーパーで、図案を写す。

2 フェルトをねこの形に切る。

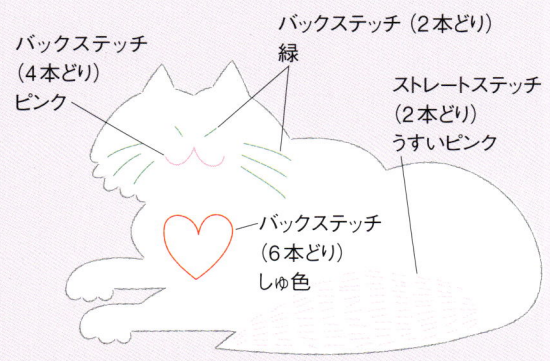

3 2のフェルトに、図のようにししゅうをする（バックステッチはP.35）。

4 ピンクとクリーム色のフェルトにチャコペーパーで図案を写し、耳2枚、鼻1枚を切る。それぞれ耳と鼻の位置に接着ざいではる。目の位置に水色のししゅう糸3本どりでボタンをぬいつける。

5 4の裏の全体に接着ざいをぬり、バッグにはって完成。

ストレートステッチの手順

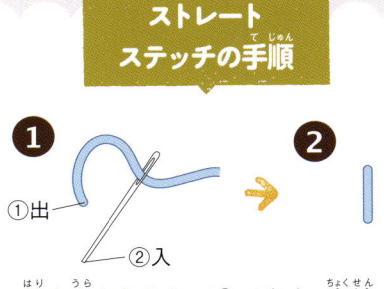

針を裏から入れて①で出す。直線になるように、②から針を入れる。

かざりにもなる ミニ三角ポーチ

難易度 ★★☆

ふんわりとした三角形がかわいいミニポーチ。キャンディやボタンなどの小さなものを入れるのはもちろん、バッグなどにキーホルダーがわりにつるしてもいいですよ。

A・B 共通のつくり方

1 フェルトにアイロンで接着しんをはり、チャコペンでぬいしろの線を引く。この面が裏になる。

5 ファスナーが真ん中になるようにフェルトを折り、下の辺をぬいしろの線に沿って、なみぬいでぬう。はみ出したファスナーは切り落とす。

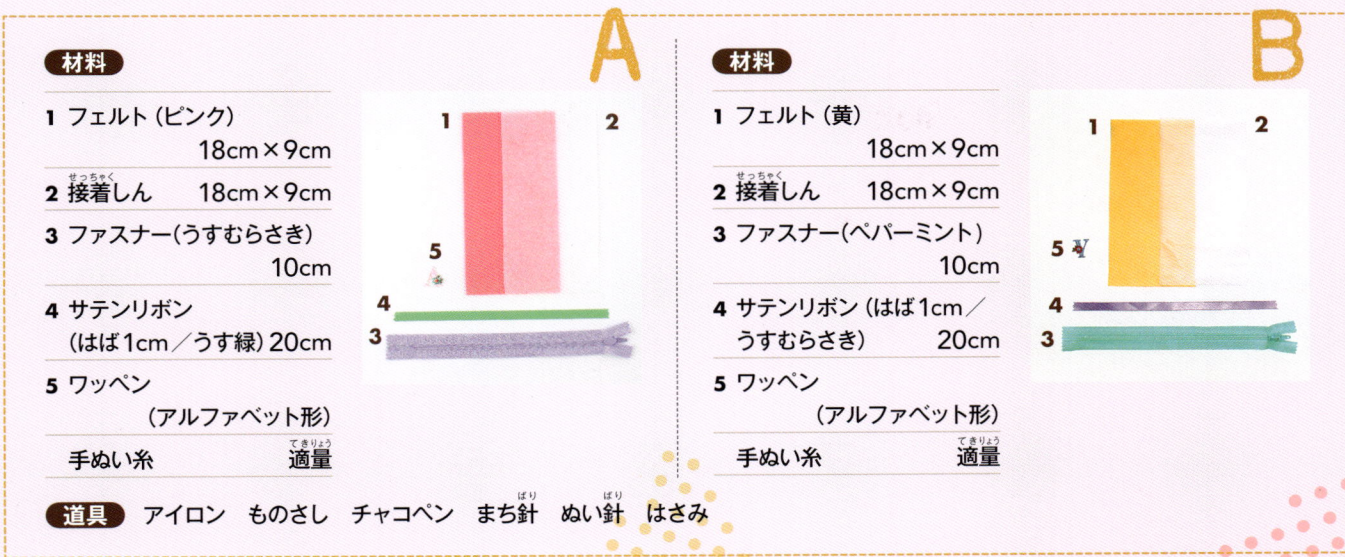

A

材料
1. フェルト（ピンク） 18cm×9cm
2. 接着しん 18cm×9cm
3. ファスナー（うすむらさき） 10cm
4. サテンリボン（はば1cm／うす緑）20cm
5. ワッペン（アルファベット形）
   手ぬい糸 適量

B

材料
1. フェルト（黄） 18cm×9cm
2. 接着しん 18cm×9cm
3. ファスナー（ペパーミント） 10cm
4. サテンリボン（はば1cm／うすむらさき）20cm
5. ワッペン（アルファベット形）
   手ぬい糸 適量

道具 アイロン　ものさし　チャコペン　まち針　ぬい針　はさみ

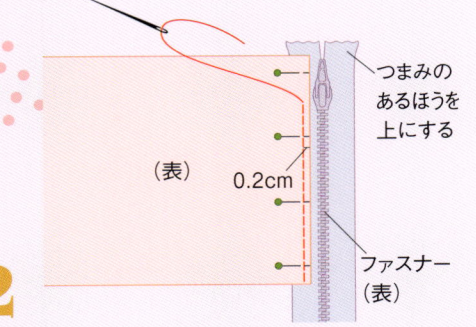

2
1を、表を上にして置き、ファスナーを図のように重ねる。まち針で留めて、本返しぬいでぬう。

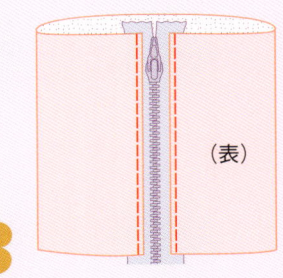

3
フェルトを図のように回して、反対側も同じようにぬう。

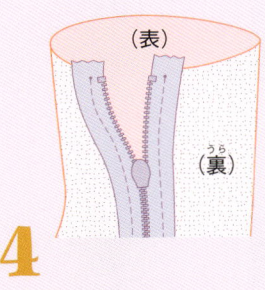

4
ファスナーを4cmくらいあけ、裏に返す。

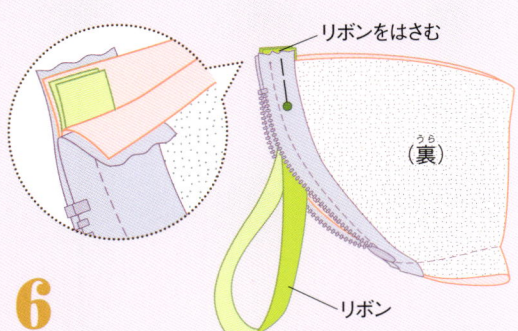

6
サテンリボンを半分に折り、図の位置にはさんで、まち針で留める。

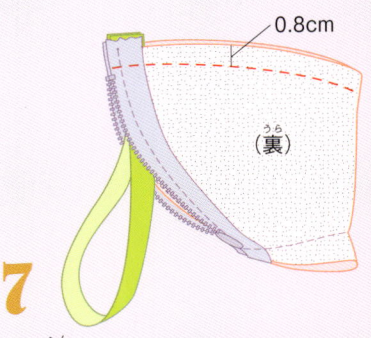

7
上の辺を、ぬいしろの線に合わせて、なみぬいでぬう。

8
表に返し、角を整え、ワッペンをアイロンではる。

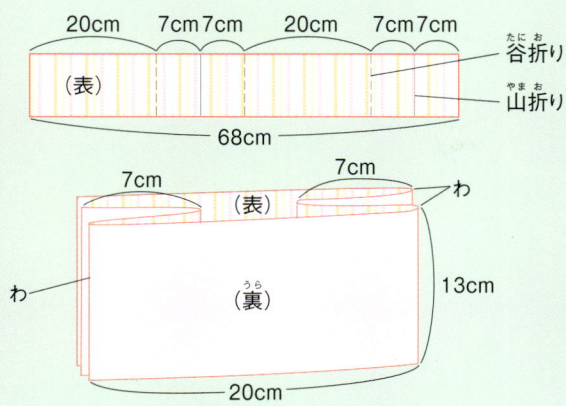

1 長さ68cmの布を、図のように表を内側にして折る。

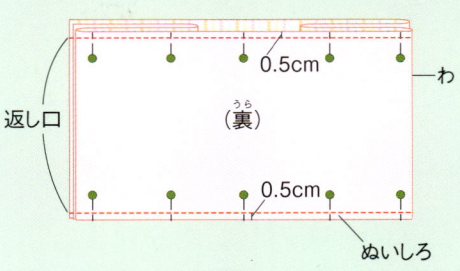

2 ぬいしろ0.5cmのところにチャコペンで線を引く。上下をまち針で留め、ミシンでぬう。

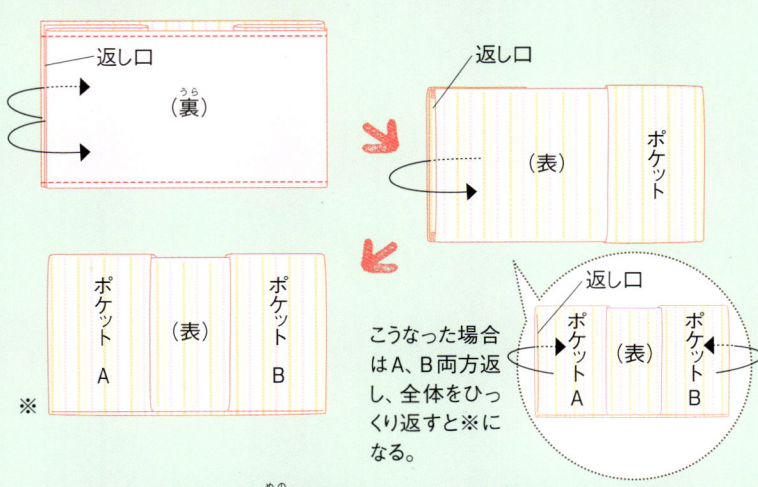

3 返し口から布を表に返す。さらに、返し口をかくすように、ポケット部分も表に返す。

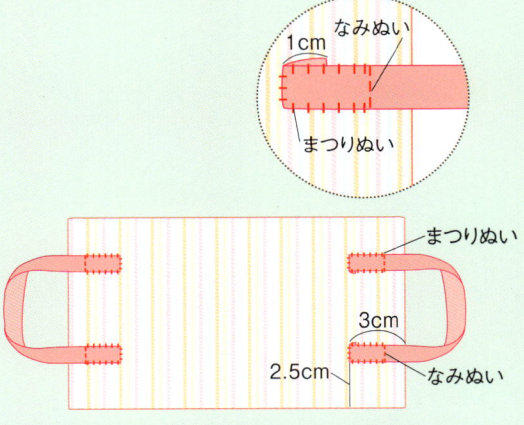

4 テープのはしをそれぞれ1cm折り、ポケットのない面の図の位置に、まつりぬいとなみぬいでぬいつける。

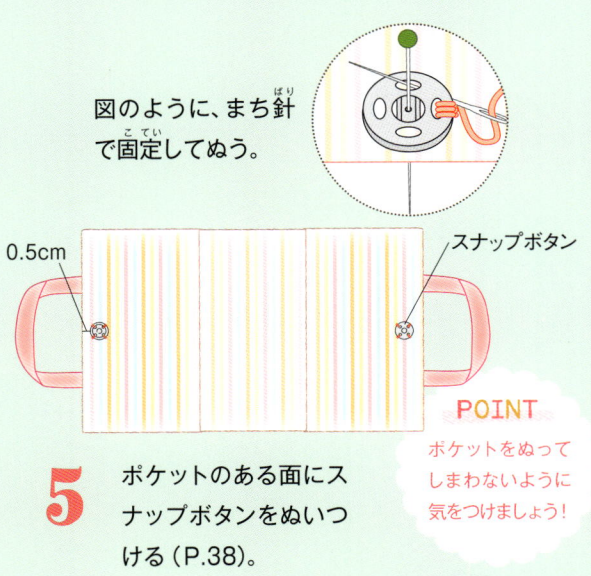

5 ポケットのある面にスナップボタンをぬいつける（P.38）。

POINT ポケットをぬってしまわないように気をつけましょう！

6 好みでかざり用のボタンをぬいつける。

スタイリッシュなブックカバー

難易度 ★★☆

材料
1. 布（赤と生成りのストライプ） 17cm×70cm
2. ゴム（はば2cm／ブルーグレー） 22cm
3. 綿の平テープ（はば1cm／白） 18cm
4. リボン（はば0.4cm／赤） 20cm
5. チャーム

手ぬい糸、ミシン糸　各適量

道具
ものさし　チャコペン　まち針　ミシン
はさみ　ぬい針

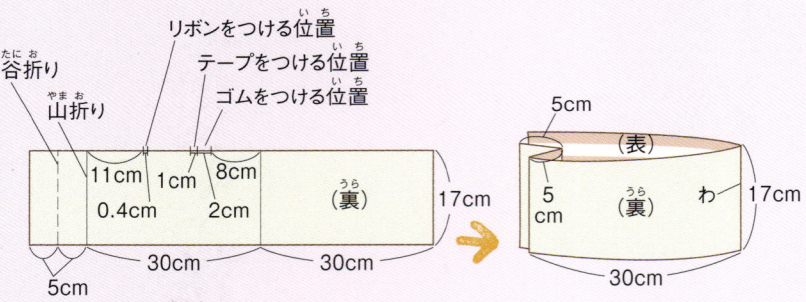

1 布を図のように表が内側になるように折り、リボンなどをつける位置をチャコペンでかいておく。

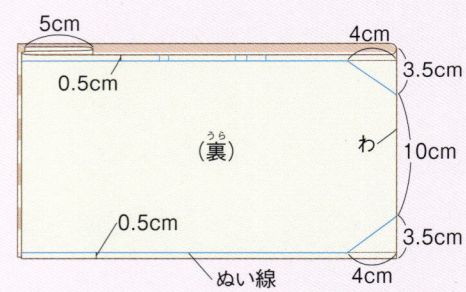

2 図のように、チャコペンで、カバーの上下とすみの2か所にぬい線を引く。

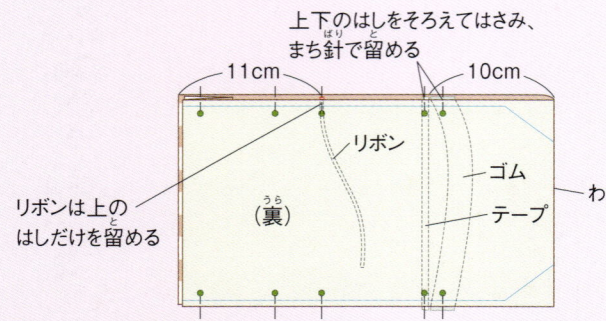

3 ゴム、テープ、リボンを図の位置にはさむ。はさんだら、布とともにまち針で留める。ゴムとテープは布の縦の長さより長いので、たるませたまま布の中に入れる。
※ゴムとテープは両はしを布のはしにそろえる。リボンは布の上のはしにそろえる。

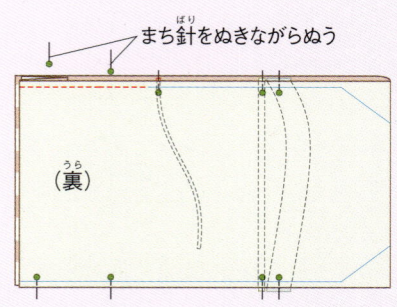

4 カバーのすみと上下をミシンでぬう。ゴムのたるみ部分をぬいこまないように注意する。

赤と生成りの大きなストライプが
おしゃれなブックカバー。横に長い1枚の
布を使って簡単にできます。
ゴムやチャームをかえれば、
ふん囲気もちがってきます。

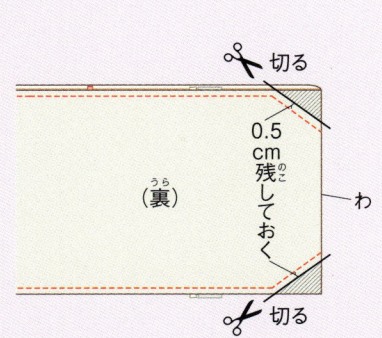

5 図の部分をはさみで切る。

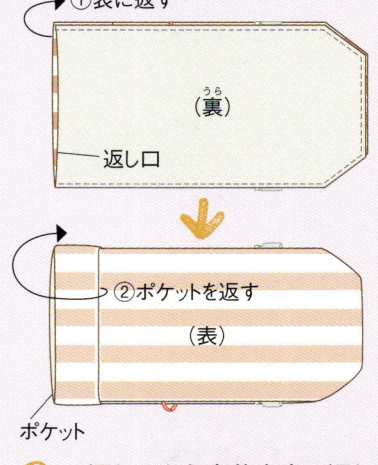

6 返し口から全体を表に返し、さらにポケット部分を返す。

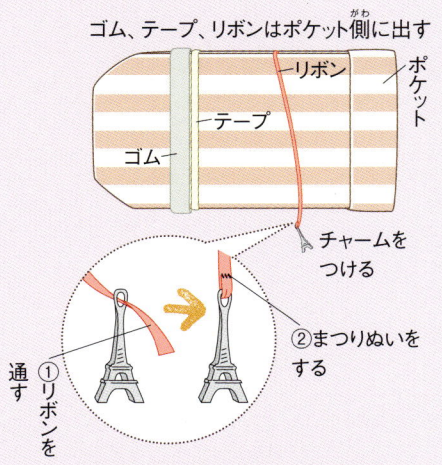

7 リボンのはしにチャームを通して、はしを折ってまつりぬいをする。

25

難易度 ★☆☆

大きなリボンの
ペンケース

ミシン

ファスナーを使わない、シンプルな
つくりのペンケース。大きなリボンをきゅっと
結んで、個性的なおしゃれを楽しみましょう！
サニタリーポーチや小物入れとしても、
活やくしてくれます。

A

B

A

材料

1. 外ぶくろ用の布（茶色地に雪の結晶） 30cm×26cm
2. 内ぶくろ用の布（茶色のチェック） 30cm×26cm
3. リボン（はば2.5cm／茶とベージュのストライプ） 70cm

手ぬい糸、ミシン糸　各適量

B

材料

1. 外ぶくろ用の布（帆布11号／水色） 30cm×26cm
2. 内ぶくろ用の布（水色の水玉） 30cm×26cm
3. リボン（はば3.8cm／赤と水色のストライプ） 70cm

手ぬい糸、ミシン糸　各適量

道具　ものさし　ミシン　チャコペン　アイロン　はさみ　まち針　ぬい針

※帆布は帆船の帆に使うための厚くてじょうぶな布。1～11号まで号数があり、号数が大きいほど布がうすい。

A・B共通のつくり方

内ぶくろと外ぶくろをつくる

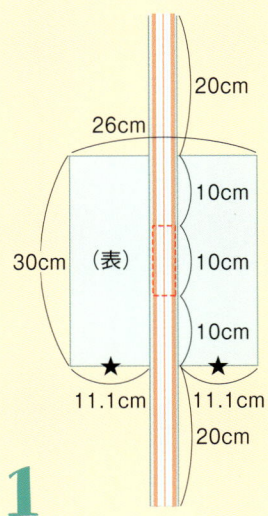

1
外ぶくろ用の布の表に、図のようにリボンをミシンでぬう。
※「A」の場合は、★が11.75cmになる。

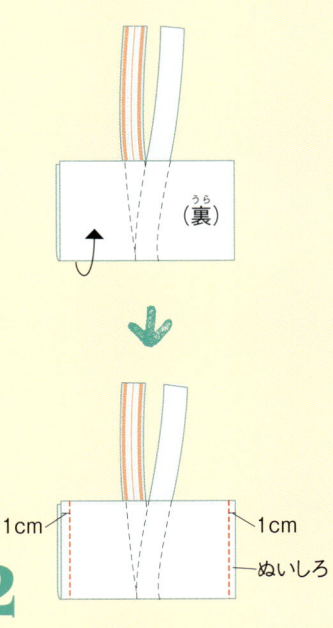

2
1を、表を内側にして半分に折る。チャコペンで両わきに1cmのぬいしろ線を引き、ミシンでぬう。

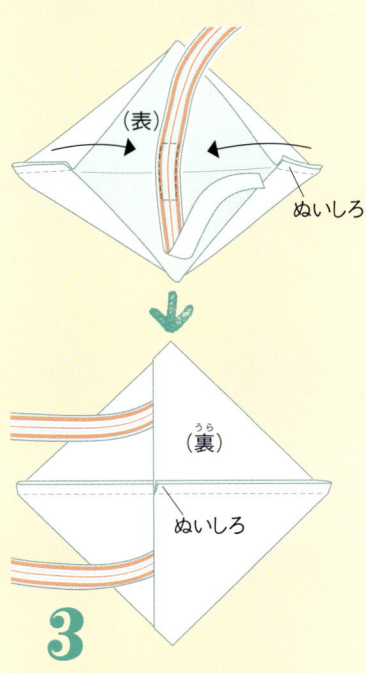

3
図のように折り広げる。

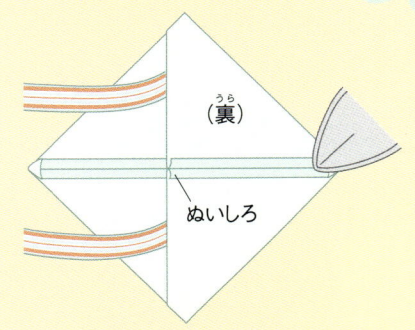

4 ぬいしろを開いて、アイロンをかける。

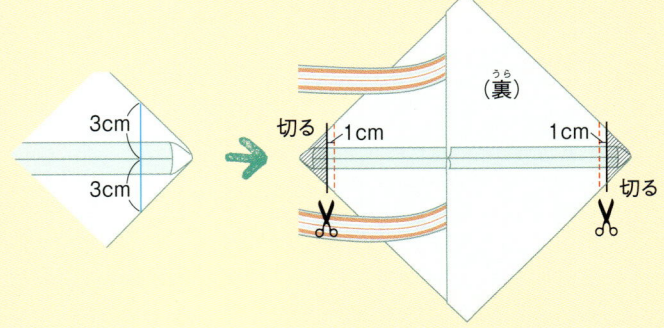

5 中心から、はば3cmになるところを探してチャコペンで線を引き、ミシンでぬう。ぬい線から1cm残して角を切り落とす。反対側も同じようにする。

内ぶくろと外ぶくろを合わせる

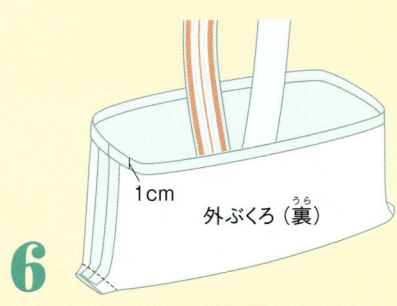

6 口の部分を1cm折り返し、アイロンをかける。

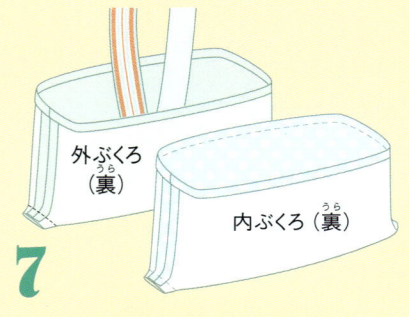

7 内ぶくろを2〜6と同じ手順でつくる。

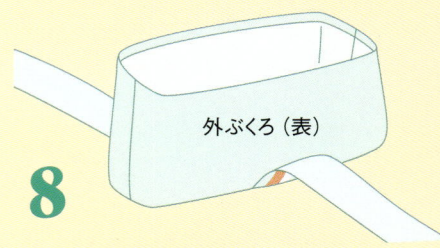

8 外ぶくろを表に返す。

9 外ぶくろの中に内ぶくろを入れる。

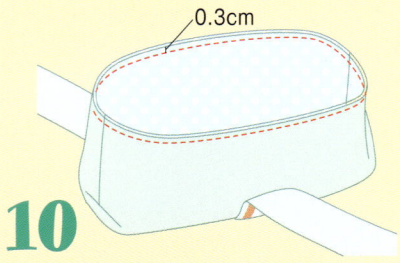

10 口の部分をまち針で留めて、0.3cmのぬいしろで1周ぐるりとミシンでぬう。

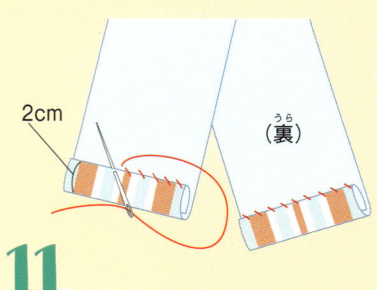

11 リボンのはしを三つ折りにして、まつりぬいをする。

難易度

毛糸玉のペンと毛糸ししゅうのノート

図案 P.39

ノートやペンを毛糸でかざりましょう！ 好きな色の糸で、ふん囲気をかえたりしてみては？ ししゅうの文字をかえたいときは、アルファベットやカタカナなど、シンプルな形の文字を使うのがポイントです。

A

材料
1. ペン
2. 羊毛（白） 約1g
3. 毛糸（並太／黄） 約5m
4. 竹ぐし（木製丸ビーズに入る太さ） 2本
5. 木製丸ビーズ（直径5mm／赤） 2個

道具
フェルティングマット　はさみ
フェルティングニードル（細針）
接着ざい　目打ち

A 毛糸玉のペン

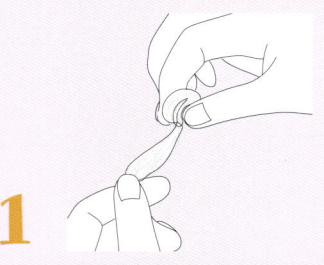

1 羊毛を、図のようにきつく丸める。

2 1をフェルティングマットの上で、直径2cmくらいの球になるように、向きをかえながらフェルティングニードル（以下、ニードル）で全体をさしてかためる。

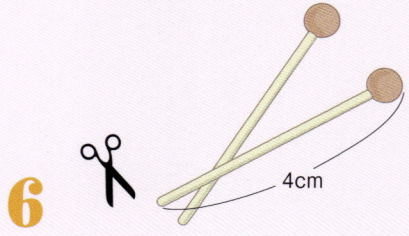

6 5の全体の長さが4cmくらいになるように切る。もう1つも同じようにつくる。

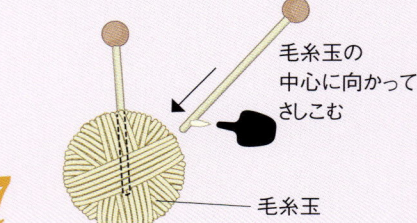

7 4の毛糸玉の上に、目打ちで2か所穴をあける。6の棒の先に接着ざいをつけ、さしこむ。

B

材料
1. ノート（表紙が紙製で無地のもの／21cm×15cm）
2. 毛糸（並太／青、白、オレンジ、グレー） 各適量
3. フェルト（接着シールつき／白） 5cm×14cm

道具
方眼紙
えんぴつ
ポンチ（穴の直径3mm）
毛糸針
セロハンテープ

B 毛糸ししゅうのノート

1 方眼紙に図案を写し、ポンチで穴をあける。

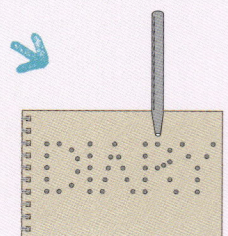

2 ノートの表紙に1の方眼紙を当てる。穴をえんぴつでなぞって印をつける。印のところにポンチで穴をあける。

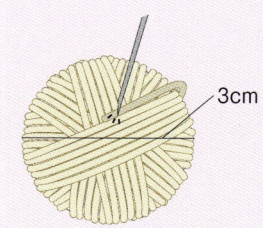

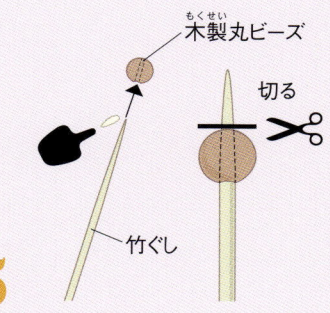

3
2でつくったボールに、毛糸を巻きつけていく。毛糸がずれないように、ニードルでさしながら巻いていく。

4
直径3cmくらいの大きさになったら、毛糸を切り、糸のはしをニードルでさして留める。

5
竹ぐしの先0.5cmくらいに接着ざいをつけ、ビーズにさして接着する。ビーズからはみ出たところははさみで切る。

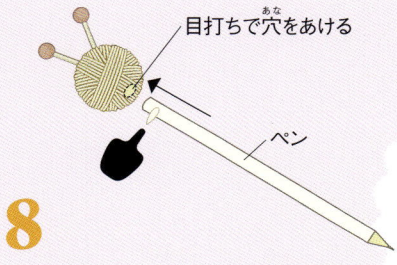

POINT
穴が小さい場合は、毛糸をはさみで切って穴を広げます。広げたときは、切った毛糸のはしを必ずニードルでさし留めて、バラバラにならないようにしましょう。

8
7の毛糸玉の下に、目打ちで1か所穴をあける。ペンの上の部分に接着ざいをぬり、穴にさしこむ。

POINT
穴と穴の間がすべてうまるようにしましょう。

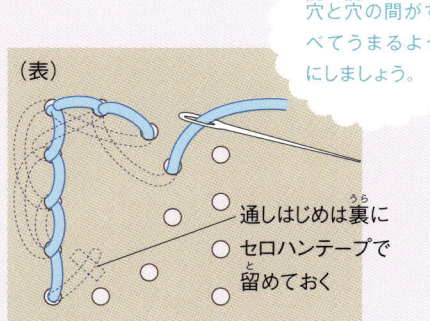

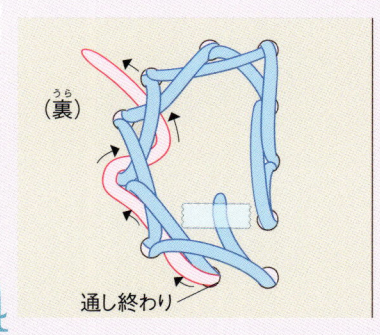

3
毛糸針で毛糸を穴に通す。通しはじめはセロハンテープで留め、バックステッチ（P.35）で通していく。

4
通し終わった毛糸のはしは、図のように裏の糸の間に通しておく。毛糸の色をかえ、ほかの文字も通していく。

5
表紙の裏面の文字部分にフェルトをはる。

難易度 ☆

キラキラのビーズを使って、簡単にできるけい帯ストラップをつくりませんか。ビーズをひもに通すだけなので、手芸の初心者でも安心。いろいろなビーズを組み合わせてオリジナルストラップをつくりましょう！

キラキラビーズの おめかしストラップ

材料

できあがりサイズ（ビーズ部分）：約5cm　A

1. ビーズ（直径5mm×長さ3mm／黒）6個
2. ビーズ（直径8mm×長さ12mm／とう明）6個
3. テグス　25cm
4. ストラップ金具
5. チャーム（約1cmのもの）

道具

セロハンテープ　ものさし　接着ざい
つまようじ　はさみ

A モノトーンビーズストラップ

1 ストラップ金具にチャームをつける。

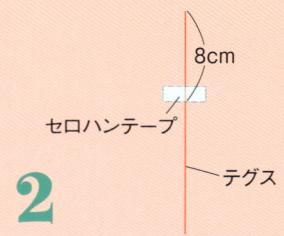

2 テグスのはしから8cmのところをセロハンテープで固定する。

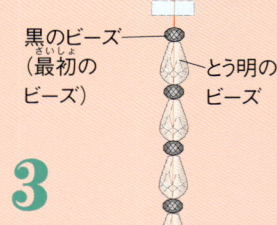

3 黒のビーズ、とう明のビーズの順に交互に通していく。

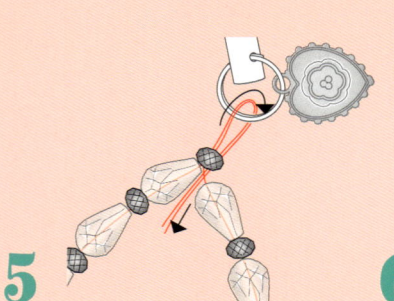

5 テグスの両はしを、2本いっしょにストラップ金具に通して、また最初のビーズに通す。

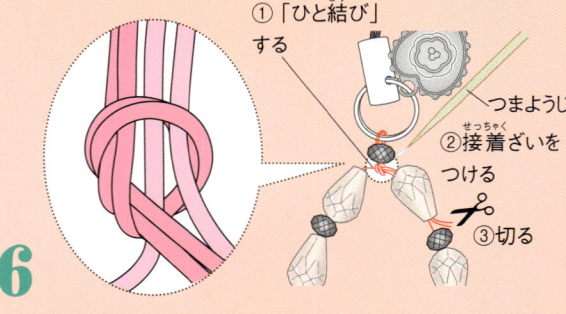

6 ビーズの下で図のように糸をまとめて「ひと結び」して、結び目につまようじで接着ざいをつけ、かんそうさせる。糸のはしをビーズ1個に通して、余ったテグスをはさみで切る。

①「ひと結び」する
②接着ざいをつける
③切る

材料 できあがりサイズ：約15cm **B**

1 ビーズ（5〜7mm）　　　8個
2 ビーズ（8〜10mm）　　　2個
3 麻ひも（太さ1mm／白）　50cm
※ビーズの種類や大きさ、数は好みで

道具
ものさし　はさみ

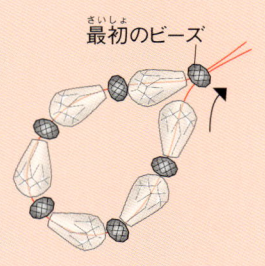

4
全部のビーズを通し終わったら、テグスをいちばん最初のビーズに通し、輪にする。

B 麻ひものナチュラルビーズストラップ

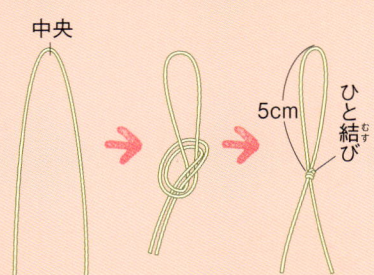

1 麻ひもを中央で折り、5cmのところで「ひと結び」する。

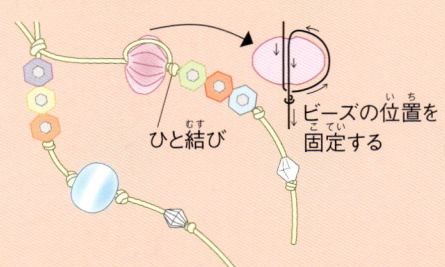

2 好きな位置にビーズを通す。ビーズとビーズの間隔をあけたいときは、図のようにしてビーズの位置を固定する。

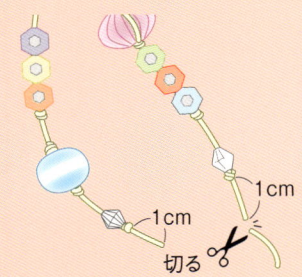

3 全部のビーズを通したら、いちばん下で「ひと結び」する。麻ひもを1cm残してはさみで切る。

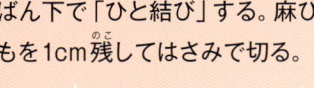

難易度

にっこりくまのマスコット

型紙 P.34

赤いハートがポイントの
かわいいくまのマスコット。バッグや
ポーチにつけて、毎日持ち歩きましょう！
アルファベットのししゅうを自分の名前の
イニシャルにしてもいいですね。

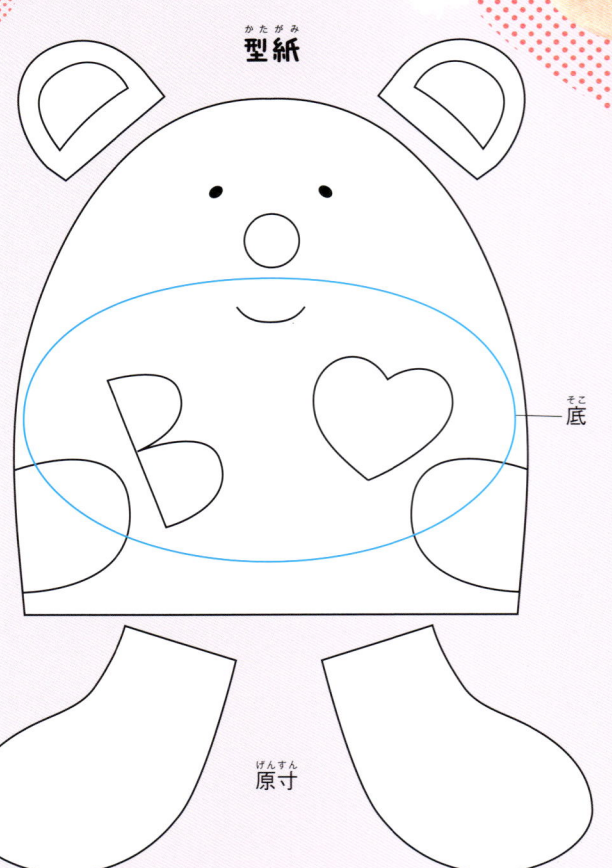

型紙　原寸　底

材料

1. フェルト（ベージュ）20cm×20cm
2. フェルト（しゅ色、茶、オフホワイト）各適量
3. ゴムひも（太さ2mm／青）18cm
4. ししゅう糸（青、こげ茶）各適量
5. 綿　適量

手ぬい糸　適量

道具

チャコペン　チャコペーパー
はさみ　ししゅう針　まち針
ぬい針　接着ざい

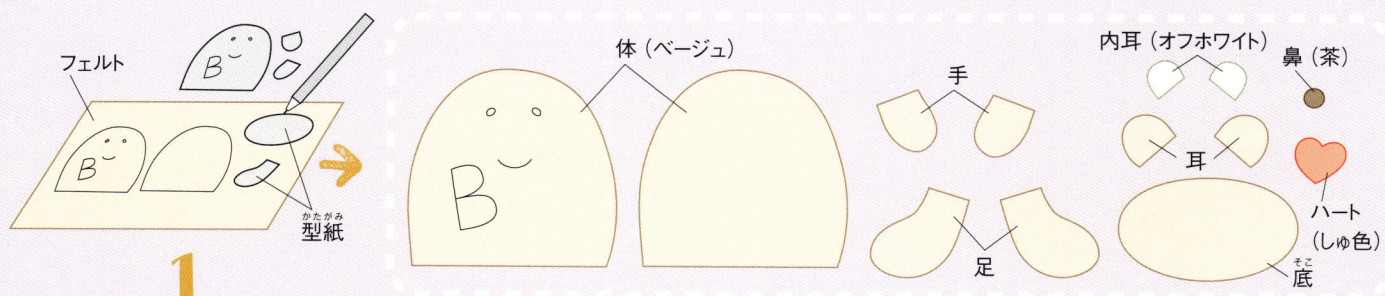

1
型紙をフェルトに置いてチャコペンで形を写し、それぞれのパーツを型紙どおりに切る。体用のフェルトの1枚には、チャコペーパーをはさんで目と口と「B」の文字を写しておく。

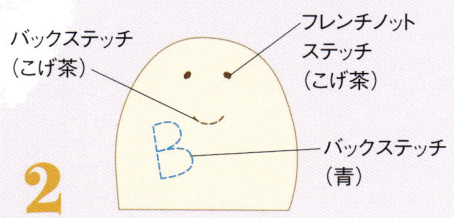

2
目をフレンチノットステッチで、口と「B」の文字をバックステッチでししゅうする（すべて6本どり）。

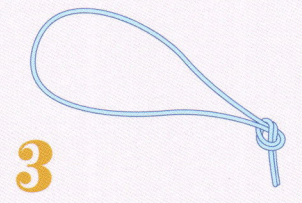

3
ゴムひもを半分に折り、はしを2本いっしょに、図のように「ひと結び」する。

4
2枚の体用のフェルトに、ゴムひもと耳を図のようにはさみ、まち針で留める。

5
図の位置をかがりぬいでぬい合わせる。

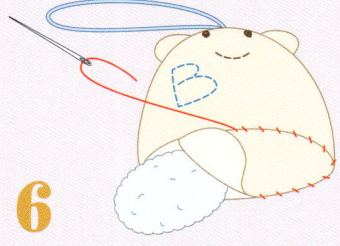

6
綿をつめて、体と底をかがりぬいでぬい合わせる。

7
6に内耳、鼻、ハート、手、足を、接着ざいではる。

フレンチノットステッチの手順

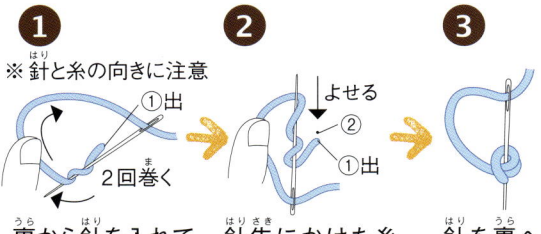

❶ 裏から針を入れて①で出す。針先に糸を2度かけて、上に向ける。

❷ 針先にかけた糸をよせて、①のすぐ横の②に針を入れる。

❸ 針を裏へ引きぬく。

バックステッチの手順

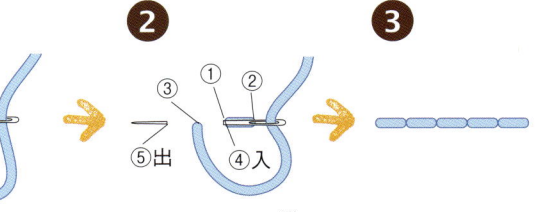

❶ 針を裏から入れて①で出し、その後ろの②から針を入れる。①の前の③から針を出す。

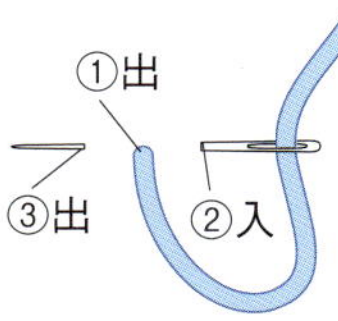

❷ ③から出した針を④に入れ、⑤から出す。

❸ これをくり返す。

難易度 ★

雨の日が楽しくなる かさのグリップカバー

しん縮性のあるジャージー生地で、かさの持ち手をデコってみましょう！シンプルなかさをはなやかにしたり、お気に入りのかさにオリジナリティーをプラスしたり。雨の日が待ち遠しくなってしまうかもしれませんね。

着せかえ気分で楽しもう！

材料

1. 布（ジャージー生地／ピンクと白のボーダー）　28cm×20cm
2. サテンリボン（はば0.6cm／ピンク）　30cm

ミシン糸、手ぬい糸　各適量

道具

ものさし　まち針　ミシン　チャコペン　ぬい針

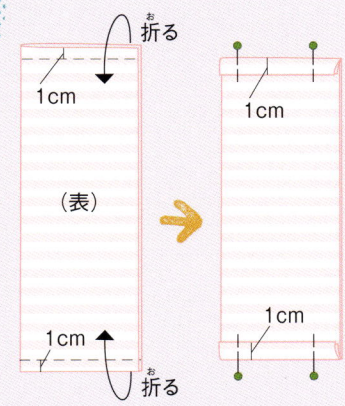

1
布を、表を外側にして縦半分に折り、上下のはしを1cm折って、まち針で留める。

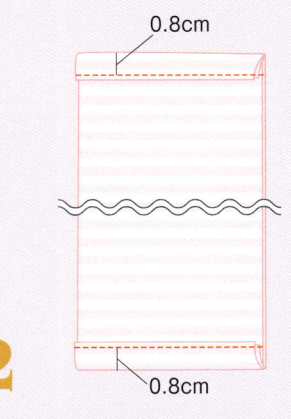

2
1の上下のはしを、0.8cmのぬいしろでミシンでぬう。

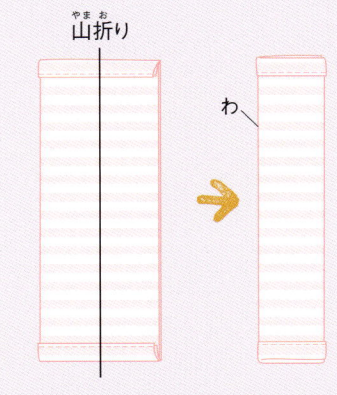

3
折り返しの部分が外側になるように、縦半分に折る。

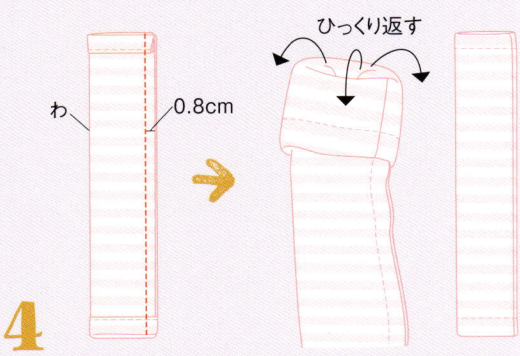

4
わになっていないほうに0.8cmのぬいしろの線をチャコペンで引き、まち針で留めて、ミシンでぬう。口からひっくり返す。

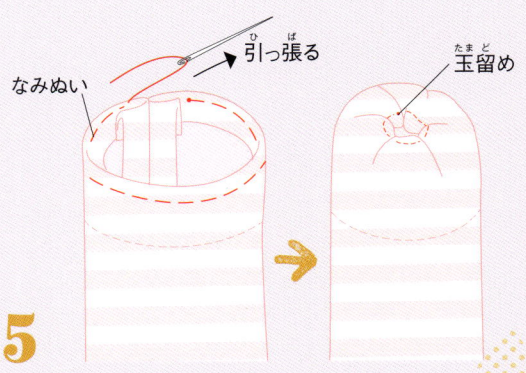

5
上部をなみぬいし、糸をきゅっと引いて口をとじる。

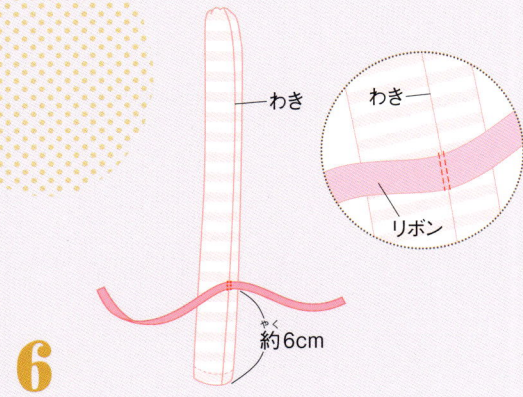

6
下から約6cmのところにリボンをぬいつける。

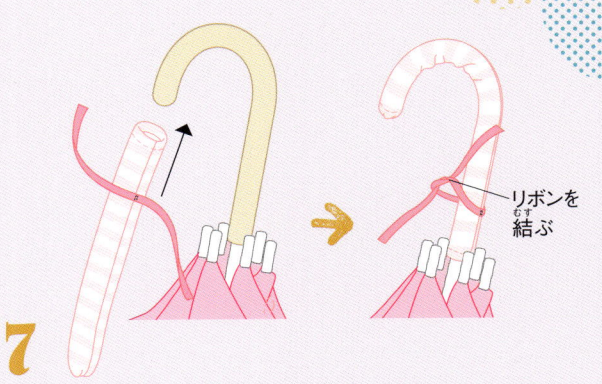

7
かさの持ち手にかぶせ、リボンを結ぶ。

作業のポイント

この本に出てくる作業の中で、覚えておくと役に立つ情報をまとめてしょうかいします。

ビーズのきれいなあつかい方

ビーズが転がらないように、下にフェルトをしいておくと作業がしやすくなります。

たくさんの種類のビーズを使うときは、混ざらないように、絵の具のパレットなどにビーズを入れると便利です。

羊毛のさし方

1 羊毛を写真のようにゆるめにくるくると巻き、フェルティングマットの円の上に置く。

POINT ニードルのギザギザで羊毛をうめこむようにさす。

2 フェルティングニードルで、全体をまんべんなくさしていく。

3 平たくなってきたら、裏返して、裏からもさす。

スナップボタンのつけ方

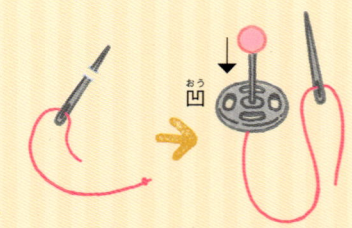

1 針に糸を通し、糸のはしを玉結びする。スナップボタンをつけたい場所の布をひとすくいする。玉結びをかくして、凹をまち針で固定する。

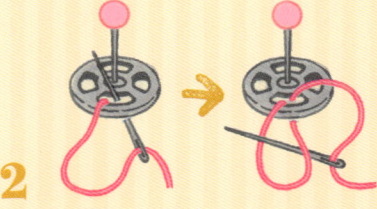

2 スナップボタンの穴の1つから針を出す。同じ穴の外側に針を入れ、内側から出す。糸の輪に、裏から針をくぐらせ、糸を引く。

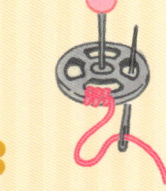

3 2を3〜5回くり返す。すべての穴を同じようにする。

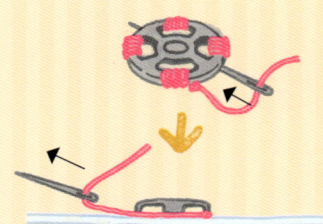

4 最後に、スナップボタンの外側で玉留めし、針をボタンの下をくぐらせて引っ張って玉留めをボタンの下にかくす。余った糸を切る。

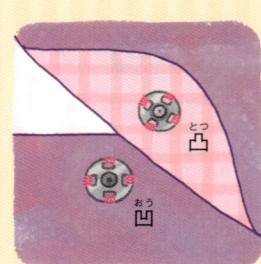

5 凸も同じようにつける。

P.18-19
白ねこの
レッスンバッグ

図案

145%に拡大する

P.29-31
毛糸ししゅうのノート

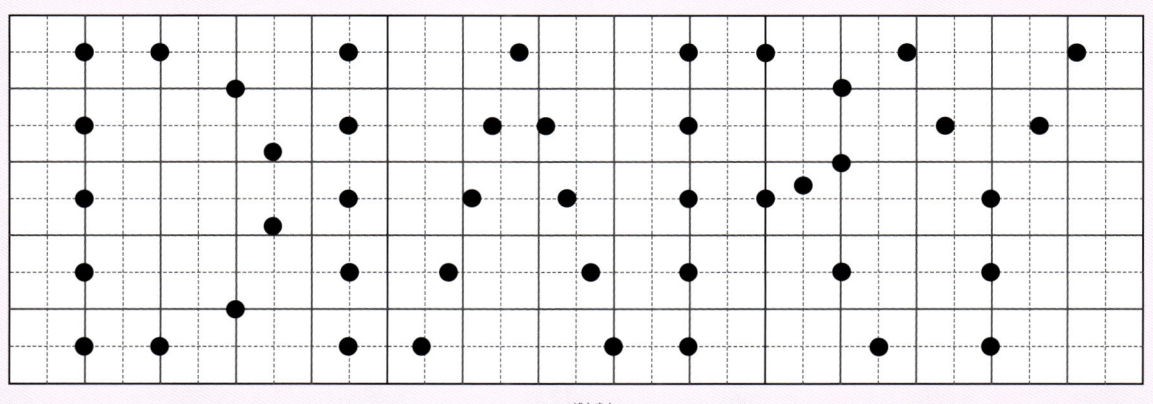

原寸

手芸作家

emico
(P.16-17、P.20-21、P.34-37)

太田有紀（NICO）
(P.10-12、P.29-31)

神尾茉利
(P.18-19)

杉野未央子（komihinata）
(P.13-15、P.22-28)

堀澤奈津子
(P.32-33)

STAFF

- 撮影 ● 向村春樹（WILL）
- スタイリング ● 石井あすか
- アートディレクション ● 大薮胤美（phrase）
- デザイン ● 鈴木真弓（phrase）
- イラスト ● 大森裕美子（P.10-37）
  - ● 工藤亜沙子（前見返し、P.38）
  - ● ナシエ（P.5-9）
- 編集 ● 井上 幸、小菅由美子、滝沢奈美（WILL）
- DTP ● 鈴木由紀、鶴田利香子（WILL）
- 校正 ● 村井みちよ
- ヘアメイク ● 山田ナオミ
- モデル ● 相原鈴夏、門出愛海（セントラル子供タレント）
- 衣装協力 ● P.18 ブルゾン（ポンポネット）／ナルミヤ・インターナショナル

参考文献

- 『新しい家庭 5・6』東京書籍
- 『小学校 わたしたちの家庭科 5・6』開隆堂
- 『いちばん縫いやすい「おさいほう」の基本』PHP研究所
- 『さいほうの基本』角川SSマガジンズ
- 『はじめてのおさいほうBOOK』成美堂出版
- 『はじめての「ぬう」と「あむ」』主婦の友社

編著／WILLこども知育研究所

幼児・児童向けの知育教材・書籍の企画・開発・編集を行う。2002年よりアフガニスタン難民の教育支援活動に参加、2011年3月11日の東日本大震災後は、被災保育所の支援活動を継続的に行っている。主な編著に『レインボーことば絵じてん』、『絵で見てわかる はじめての古典』全10巻、『せんそうって なんだったの？ 第2期』全12巻（いずれも学研）、『はじめよう！ 楽しい食育』全7巻、『学校放送・学級新聞おもしろアイデアシリーズ』全6巻、『見たい 聞きたい 恥ずかしくない！ 性の本』全5巻、『おもしろ漢字塾』全4巻（いずれも金の星社）など。

かんたん！ かわいい！
手づくり デコ＆手芸
バッグ＆おしゃれ小物

初版発行／2014年3月

編著／WILLこども知育研究所

発行所／株式会社金の星社
〒111-0056　東京都台東区小島1-4-3
TEL 03-3861-1861（代表）
FAX 03-3861-1507
ホームページ http://www.kinnohoshi.co.jp
振替 00100-0-64678

印刷／広研印刷株式会社　製本／東京美術紙工

● 乱丁・落丁本は、ご面倒ですが小社販売部宛にご送付ください。送料小社負担にてお取替えいたします。
ⓒ WILL, 2014
Published by KIN-NO-HOSHI SHA, Tokyo, Japan
NDC 594　40ページ　27cm　ISBN978-4-323-05782-8

JCOPY（社）出版者著作権管理機構 委託出版物

本書の無断複写は著作権法上での例外を除き禁じられています。複写される場合は、そのつど事前に（社）出版者著作権管理機構（電話 03-3513-6969、FAX 03-3513-6979、e-mail: info@jcopy.or.jp）の許諾を得てください。

※本書を代行業者等の第三者に依頼してスキャンやデジタル化することは、たとえ個人や家庭内での利用でも著作権法違反です。

かんたん！かわいい！手づくりデコ＆手芸

シリーズ全5巻　小学校中学年〜中学生向き
A4変型判　40ページ　図書館用堅牢製本　NDC594（手芸）

かわいいバッグやアクセサリーを手づくりしたり、自分の持ち物をデコレーションしたりして、楽しんでみませんか。簡単なものから大作まで、はば広い難易度のものを紹介しています。手づくりしながらセンスアップできる、おしゃれなアイテムがいっぱいのシリーズです！

「ファッション＆アクセサリー」

たばねた髪をかざる「おとめチックシュシュ」やデコが楽しい「アリスの大きなカチューシャ」などのヘアアクセサリーのほか、「お花のリースTシャツ」、「スキップしたくなるうわばき」など、心おどるファッションアイテムがいっぱい！

「バッグ＆おしゃれ小物」

毎日使いたい「ルンルン気分になるさわやかエコバッグ」や「キュートな白ねこのレッスンバッグ」、携帯電話に個性をそえる「キラキラビーズのおめかしストラップ」など、とっておきのバッグや小物を集めました！

「インテリア小物」

かべをかざる「ポンポンと羽根のふわふわリース」や「お部屋デコが楽しめることりのつるしかざり」、着なくなったセーターでつくる「北欧気分のぬくぬくタペストリー」など、インテリアをセンスアップする小物を紹介します。

「プレゼント」

かわいくて実用的な「すっぽりかぶせるフェルトキーカバー」や「赤×白のハッピーペットボトルホルダー」のほか、「ぷっくりほっぺのリスのしおり」、「願いをかなえるラッキーおまもり」など、大切な人におくりたいアイテムが満載です。

「編み物＆もこもこ小物」

道具はいらない！指編みでつくる「ポンポンつきあったかミニマフラー」や「ふわふわヘアバンド」、羊毛フェルトでつくる、「スイートカップケーキ」や「チェリーのミニポシェット」など、心温まる、ふわふわもこもこの小物をたくさん集めました。